PASCAL JOUSSELIN
UNSCHLAGBAR

2. Mein Nachbar, der Superheld

Farben:
Laurence Croix

CARLSEN COMICS

Für meine Eltern.
Ein großes Dankeschön an Mathilde, Fred & Laurence

CARLSEN COMICS NEWS
Jeden Monat neu per E-Mail!
www.carlsencomics.de
www.carlsen.de

Carlsen-Bücher gibt es überall im Buchhandel
und auf carlsen.de.

Wir behalten uns die Nutzung unserer Inhalte für Text- und
Data-Mining im Sinne von § 44b UrhG ausdrücklich vor.

CARLSEN COMICS
UNSCHLAGBAR-Schuber
2: Mein Nachbar, der Superheld
© 2024 Carlsen Verlag GmbH, Völckersstraße 14–20, 22765 Hamburg
Aus dem Französischen von Marcel Le Comte
IMBATTABLE – SUPER-HÉROS DE PROXIMITÉ
Copyright © DUPUIS, PASCAL JOUSSELIN 2018
www.dupuis.com
All rights reserved
Redaktion: Klaus Schikowski, Nelle Cernero
Redaktion Schuber: Sten Fink
Gestaltung Schuber: Thomas Gilke
Alle deutschen Rechte vorbehalten
ISBN 978-3-551-80486-0

UNSCHLAGBAR

DER EINZIG WAHRE
SUPERHELD DES COMICS

JOUSSELIN — FARBEN: CROIX.

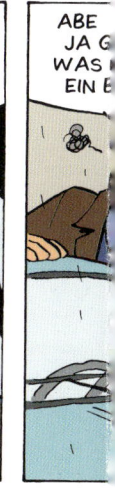

* Tuhdi hat die Kraft, die Perspektive aufzulösen. Und das kann, wie in Band 1 demonstriert, mitunter sehr nützlich sein.
** So ist es. Und wie ihr euch erinnert, liebe Leser, besitzt Opa Schweinchen die Superkraft der Sprache.

SCHT, BERUHIG DICH, SPIKE... SIEH DOCH, ICH BIN'S, CHROMALINE...
ICH WEIß, DU KANNST ES NICHT LEIDEN, WENN ICH DAS CHAMÄLEON GEBE, ABER ICH MUSSTE ES MACHEN, UM DEM GENERAL ZU ENTKOMMEN.
WOUUH
PFFF... ICH BIN ECHT ZU BLÖD... WENN ICH NICHT ZUM SPAß MEINE SUPERKRAFT AUF DIESER STUDENTENPARTY BENUTZT HÄTTE, HÄTTE NIEMAND JE GEWUSST, DASS ICH SIE BESITZE...
SIE SPRICHT TATSÄCHLICH FRANZÖSISCH.
... UND DIESER VERDAMMTE BEEF WÄRE NICHT DABEI, MICH ZU JAGEN, UM MICH GEFANGEN ZU NEHMEN...
WAS WIRD NUR AUS UNS WERDEN, MEIN SPIKE...?
UND SIE IST NETT!
AH... GUTEN TAG.
HÖREN SIE, FRAULEIN, WIR SIND AUS FRANKREICH UND...
?!
IHR SCHON WIEDER?!
... UND IHR WOLLT AUCH, DASS ICH FÜR EUCH ARBEITE?!
NIEMALS! HÖRT IHR?! NIEMALS WERDEN MEINE KRÄFTE EINEM LAND ODER EINER ARMEE DIENEN!
WIE? ABER WIR WOLLEN NICHT...
SIE IRREN SICH, JUNGE DAME...
ES... ES MACHT IHNEN NICHTS AUS?!
K...KOMMT NICHT NÄHER!
BRILLEN! SIE HABEN SONNENBRILLEN AUF! SCHNELL, ICH MUSS WAS ANDERES FINDEN!
!
BITTE, LASSEN SIE DAS DOCH UND HÖREN SIE UNS ZWEI MINUTEN ZU...
JA, ES BRINGT NICHTS, ALLES IN DIE GLEICHE FARBE ZU TAUCHEN, IHRE SCHWARZE ZONE HAT UNS AUCH NICHT DARAN GEHINDERT, IN...
?!
HOLLA, DAS IST NICHT MEHR LUSTIG...
HALT, WARTEN SIE! WIR SIND AUF IHRER SEITE!
OHA!
MIST...

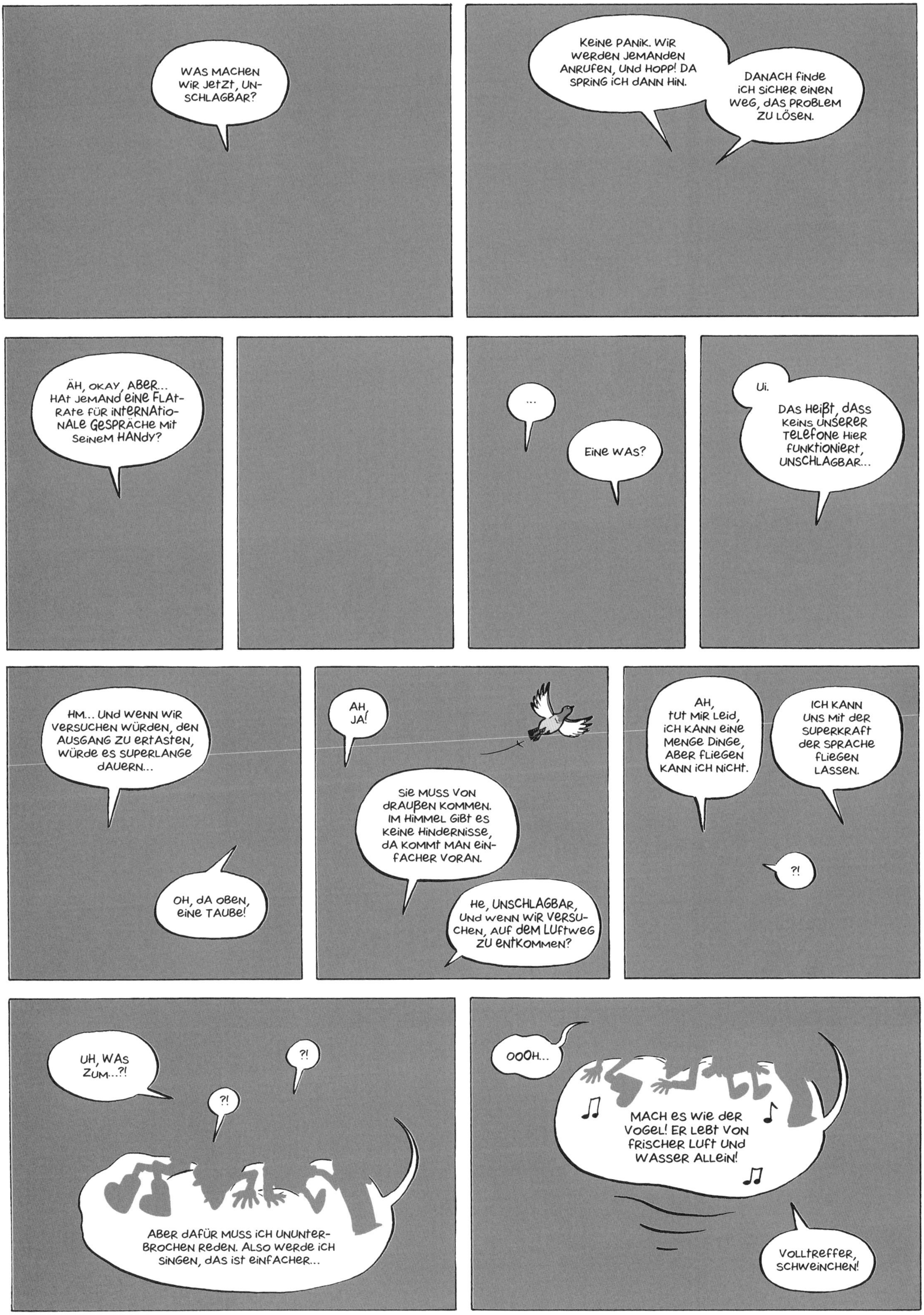
WAS MACHEN WIR JETZT, UNSCHLAGBAR?
KEINE PANIK. WIR WERDEN JEMANDEN ANRUFEN, UND HOPP! DA SPRING ICH DANN HIN.
DANACH FINDE ICH SICHER EINEN WEG, DAS PROBLEM ZU LÖSEN.
ÄH, OKAY, ABER… HAT JEMAND EINE FLATRATE FÜR INTERNATIONALE GESPRÄCHE MIT SEINEM HANDY?
…
EINE WAS?
UI.
DAS HEIßT, DASS KEINS UNSERER TELEFONE HIER FUNKTIONIERT, UNSCHLAGBAR…
HM… UND WENN WIR VERSUCHEN WÜRDEN, DEN AUSGANG ZU ERTASTEN, WÜRDE ES SUPERLANGE DAUERN…
OH, DA OBEN, EINE TAUBE!
AH JA!
SIE MUSS VON DRAUßEN KOMMEN. IM HIMMEL GIBT ES KEINE HINDERNISSE, DA KOMMT MAN EINFACHER VORAN.
HE, UNSCHLAGBAR, UND WENN WIR VERSUCHEN, AUF DEM LUFTWEG ZU ENTKOMMEN?
AH, TUT MIR LEID, ICH KANN EINE MENGE DINGE, ABER FLIEGEN KANN ICH NICHT.
ICH KANN UNS MIT DER SUPERKRAFT DER SPRACHE FLIEGEN LASSEN.
?!
UH, WAS ZUM…?!
?!
?!
ABER DAFÜR MUSS ICH UNUNTERBROCHEN REDEN. ALSO WERDE ICH SINGEN, DAS IST EINFACHER…
OOOH…
MACH ES WIE DER VOGEL! ER LEBT VON FRISCHER LUFT UND WASSER ALLEIN!
VOLLTREFFER, SCHWEINCHEN!
38/12

BRAVO, WIR SIND AUS DEM ORANGE RAUS!
DOCH NICHTS HINDERT DEN VOGEL DARAN, NOCH HÖHER ZU STEIGEN, OH NEIN!
ABER JETZT SIND WIR IM TOTAL UNDURCHDRINGLICHEN HIMMEL DER SCHWARZEN ZONE, MAN SIEHT GAR NICHTS!
KEINE WAHL, WIR MÜSSEN VORANKOMMEN.
S...SACHTE, HERR SCHWEINCHEN...
TIRILI, DURCHS WEITE ALL GEHT DER FLUG MIT DONNERHALL, WIE'S WEITERGEHT, DAS WEISS ICH NICHT, ALSO DENK ICH MIR WAS AU-HAUS...
MACH'S WIE DER VOGEL! TIRILI, TIRILA!
MIT EINER UNAUFFÄLLIGEN ANKUNFT WIRD'S JEDENFALLS NICHTS.
YEAH!
GESCHAFFT! WIR SIND WIEDER IN DER STADT!
ER LEBT VON FRISCHER LUFT UND WASSER ALLEIN! TANDARADEI!
JA, DAHINTEN IST DAS HQ DER ARMEE!
HE, DA UNTEN IST MÄCHTIG WAS LOS, WAS GEHT DA VOR?
OJEMINE, DER VOGEL HAT EINEN TROCKENEN HALS!
BEEF! ER HAT SEINE MÄNNER HERGEHOLT!
HALTET EUCH GUT FEST, KINDERLEIN!
OH NEIN! ER BENUTZT MEINEN WEG, UM DEN SCHLUPFWINKEL VON CHROMALINE ZU STÜRMEN!
?
?
?
LANGE WIRD DER VOGEL NICHT MEHR SINGEN KÖNNEN! ER WIRD JETZT GANZ SCHNELL LANDEN!
WIR STÜRZEN JA AB?! WAS IST DENN LOS?!
BRUCHLANDUNG DES VOGELS! IHR MÜSST ZUHÖREN, WAS DER VO-HOGEL SINGT!

Sind alle okay?
Ah, ja-ja...
?
WOUUHH!
?
!
!
WOOO
HOUUU
CHROMALINE!
DAS MÄDCHEN, WIR HABEN DAS MÄDCHEN AUFGESPÜRT!
WOOU
DAHINTEN SCHEINT IRGENDWAS VOR SICH ZU GEHEN!
JA, DAS SEH ICH...
... UND LANGSAM REICHT'S MIT DIESER GANZEN GEWALT!
SO...!
OHNE ETWAS ZU SEHEN, DÜRFTE ES SCHWIERIG WERDEN, IHRE FARBENTRICKS ZU MACHEN, ODER?
UND JETZT HÖREN SIE MIR ZU, JUNGE DAME. ICH BIN NICHT IHR FEIND, ICH WILL IHNEN HELFEN...
Wer ist diese dicke Orange?
!
Das ist der Franzose von vorhin, ha, ha, ha!
GUT GEMACHT!
WIR HABEN SIE!
HA, HA! BRAVO, UNSCHLAGBAR! SIE SIEGER! FEIND GEFANGENER! TAUSEND DANK!

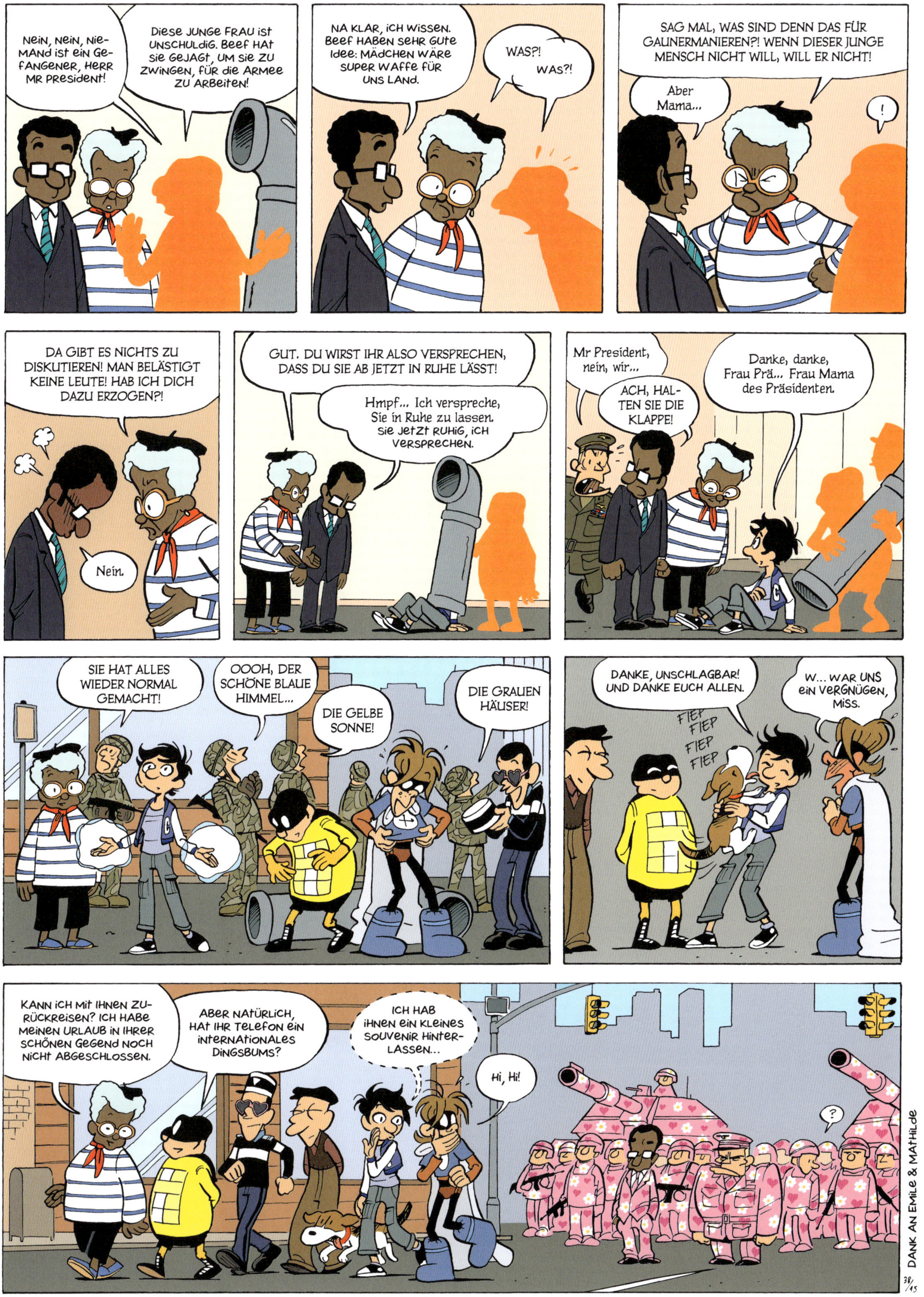

Jousselin
FARBEN: Croix

VORSICHT, CHEF, RECHTS VON IHNEN IST EINE MATSCHPFÜTZE...
BONK
UH, SORRY, CHEF!
WIR SIND DA!
SIE KÖNNEN DIE AUGENBINDE ABNEHMEN, HAUPTKOMMISSAR!
HAPPY BIRTHDAY!
DAS GROSSE NICHTS
Ein Abenteuer von UNSCHLABGAR
OOOH! EIN ÜBERRASCHUNGSPICKNICK!
IHR GESCHENK, CHEF!
EIN GALAXY-QUEST-D2399-TELESKOP! ES SOLL DAS BESTE VON ALLEN SEIN!
AH... OH, AH... DANKE, WIE LIEB.
ICH WUSSTE GAR NICHT, DASS SIE EIN ASTRONOMIEFAN SIND, BRUNO.
HRM... ICH... NEIN, DAVON HAB ICH KEINE AHNUNG.
WAS?!
ABER YANNIK, DU HAST DOCH GESAGT...
NEIN, NEIN, ES WAR LENNART, DER...
GANZ IM GEGENTEIL, HAMIDA, DU HAST...
NICHT DOCH, ES IST SUPER!
DAS IST DIE GELEGENHEIT, EINE MENGE DINGE ZU LERNEN...
ÄH... ÜBER PLANETEN UND SO.
JA SO EIN ZUFALL, ICH WUSSTE GAR NICHT, DASS ES GRÜNE STERNSCHNUPPEN GIBT... HI, HI, HI, UNGLAUBLICH!
?!
EINE GRÜNE STERNSCHNUPPE? WO DENN?
HE, ABER...
ACHTUNG, SIE FLIEGT DIREKT AUF UNS ZU!
36-1

Sind Alle in Ordnung?
Pfiuuu... Etwas weiter rechts, und der Meteorit hätte ihre Torte zermatscht, Chef...
Aber...?! Das ist kein Meteorit!
?!
?!
Ja so was...
Ein Marsmensch?!
Das... er hat sie kopiert, Unschlagbar!
Ähm, ja... na ja, ich hoffe, ich bin etwas weniger... äh, ein wenig mehr...
?!
?!
?!
Oooh, unglaublich! Er hat auch meine Superkräfte kopiert!
Äh... sei herzlich willkommen, Reisender!
Vorsicht, die Kühlbox!
Och nööö! Sie ist verschwunden. Da waren die ganzen Fruchtsäfte drin!
Ach, schon gut, das kenn ich... Die Kühlbox wird in der Zukunft wieder auftauchen. Nicht wahr, Unschlagbar?
Äh... nein.
Hier ist sie ins Große Nichts gefallen... sie ist für immer verschwunden.
?
?
36-2

DAS GROßE NICHTS???
JA, DAS ist eine Art RiesiGe, Unendliche Leere.
ABer empFANGEN wir doch UNSEREN Besucher.
ICH GRÜßE dich, FREUND VON einer Anderen Welt... ÄH... IM NAMEN des Volkes der Erde, sei HERZLICH WILLKOMMEN.
ICH BRUNO.
PAFF
ER KOMMT NICHT IN FRIEDEN! ER KOMMT NICHT IN FRIEDEN!
UNSCHLAGBAAAR... WACHEN sie AAAUF...
WA...?
UNSCHLAGBAR! ES IST FURCHTBAR!
WAS ist PASSiert?! WAS ist PASSiert?! WAS ist PASSiert?!
ER HAT VERSUCHT, SIE IM GROSSEN NICHTS VERSCHWINDEN ZU LASSEN!

VORSICHT!
SCHNELL, HALTET EUCH ALLE AN ETWAS FEST!
WARUM GREIFST DU UNS DENN AN, REISENDER AUS DEM ALL?
LANGSAM WIRST DU MIR LÄSTIG, REISENDER.
WARUM SAGST DU UNS NICHT, WAS DU WILLST?
UND WARUM LÄUFST DU WILD IN DER GEGEND RUM?
DAS IST UNS DOCH SCHNUPPE, UNSCHLAGBAR!
DAS IST EIN KILLER-MARSIANER AUS DEM ALL!
VERDRESCHEN SIE IHN, SCHNELL!
BEVOR ER SIE INS GROSSE NICHTS STÖSST!

Panel	Text
1	ICH HÄTTE LIEBER DEINE ABSICHTEN ERFAHREN, REISENDER... ABER DU LÄSST MIR KEINE WAHL. ICH WERDE DICH SCHLAGEN MÜSSEN. — NA KLAR, IMMER FESTE DRUFF, UNSCHLAGBAR!
2	?!
4	UNSCHLAGBAR? — ER... ER IST INS GROSSE NICHTS GEFALLEN?!
5	NEIN, NEIN, GEDULD, ER WIRD WIEDERAUFTAUCHEN...
6	ER... ER IST UNSCHLAGBAR... — JA, PFF, DER MARSIANER AUS DEM ALL HAT SEINE SUPERKRÄFTE KOPIERT, ER IST AUCH UNSCHLAGBAR!
7	NEIN, DAS IST UNMÖGLICH... NICHT UNSCHLAGBAR...
8	SPROTCH

44

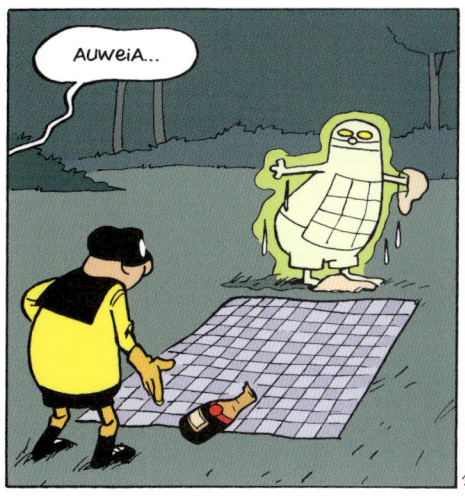

Panel 1:
- UNSCHLAGBAR!
- JIPPIE, SIE LEBEN NOCH!
- WAS HAT ER DENN?

Panel 2:
- ER HAT DIE FAUST IN DIE TORTE GESTECKT, UND DAS HAT IHN KIRRE GEMACHT!
- ES SIEHT AUS, ALS WÜRDE ER NICHT VERSTEHEN, WAS DAS IST... ALS HÄTTE ER SO WAS NOCH NIE GESEHEN!
- WEICHE DINGE! WIR MÜSSEN IHN MIT WEICHEN DINGEN ANGREIFEN!

Panel 3:
- »SO WAS NOCH NIE GESEHEN«... ABER JA, NATÜRLICH!
- ER KOMMT VON EINER WELT, DIE GANZ ANDERS ALS UNSERE IST! ALSO MUSS IHM ZWANGSLÄUFIG ALLES, WAS IHN UMGIBT, SELTSAM UND FURCHTEINFLÖSSEND ERSCHEINEN!

Panel 4:
- ALL DAS VERSETZT IHN TOTAL IN PANIK! DESHALB REAGIERT ER AUCH SO MERKWÜRDIG!
- DIESER AUSSERIRDISCHE WILL UNS NICHTS BÖSES: ER HAT NUR PANISCHE ANGST!

Panel 5:
- ICH MUSS EINEN WEG FINDEN, IHN IN SEINE WELT ZURÜCKZUSCHICKEN.

Panel 6:
- ?
- POC

Panel 7:
- HM... JA, DAS KÖNNTE KLAPPEN.

Panel 8:
(no dialogue)

Panel 9:
- SIE WOLLEN IHN MIT ALKOHOL ABFÜLLEN?! ABER, ÄH... WIRD IHN DAS NICHT NOCH MEHR AUFREGEN?!
- POPP

Panel 10:
- ?!

Panel 11:
- AUWEIA...

WAAAH, ER KOMMT NÄHER! SCHNELL, HAUEN SIE IHN!
H...HABEN SIE IHN ERWISCHT?!
EINE SEKUNDE.
SCHÖN AUSRICH-TEN...
OKAY.
ÄH, UNSCHLAGBAR... PASSEN SIE AUF! SIND SIE SICHER, DASS ER NICHT WIEDERAUFTAUCHT?!
PERFEKT, DA IST ER!
HÄ...?!
ER... ER KOMMT ZURÜCK?! WO DENN?! WO DENN?!
GESCHAFFT!
ALLES OKAY! DER AUßERIRDISCHE IST WIEDER ZURÜCK IM WELTALL!
SIE KÖNNEN IHRE BÄUME LOSLASSEN!
HA, HA, HA! BRAVO, UN-SCHLAGBAR!
DIESMAL WAR'S GANZ SCHÖN BRENZLIG, NICHT?
DANKE, DASS SIE DIESEM ALB-TRAUM EIN ENDE GESETZT HABEN, UNSCHLAGBAR!
HA, HA, JEPP! SCHLUSS MIT DEN MARSIA-NER-ANGRIFFEN! SCHLUSS MIT DEM GROßEN NICHTS! WIR KÖNNEN AUFATMEN!
ÄH, NEIN... DAS GROßE NICHTS IST IM-MER NOCH DA, ÜBERALL UM UNS HERUM.
ABER DAS GROßE NICHTS GEHÖRT NUN MAL ZUM LEBEN, DAMIT MÜSSEN WIR KLARKOMMEN...
OHNE DAS GROßE NICHTS WÜRDEN WIR NICHT EXISTIEREN...

Jousselin –

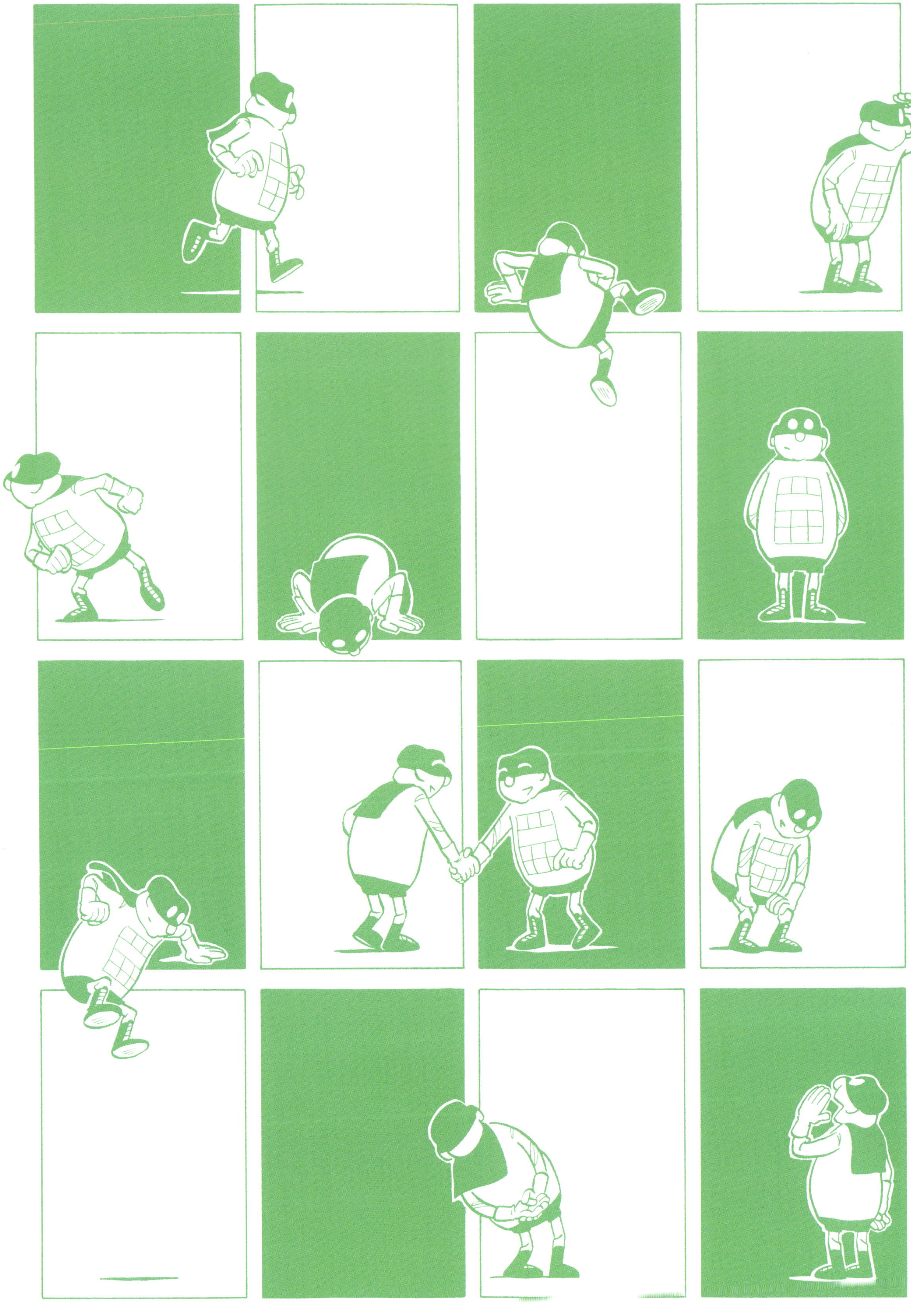